CB014882

# MEMÓRIA FUTURA

# MEMÓRIA FUTURA

Paulo Franchetti

Dados Internacionais de Catalogação na Publicação (CIP)
(Câmara Brasileira do Livro, SP, Brasil)

Franchetti, Paulo
Memória futura / Paulo Franchetti.
Cotia, SP: Ateliê Editorial, 2010.

ISBN 978-85-7480-519-1

1. Poesia brasileira I. Título.

10-10019 CDD-869.91

Índices para catálogo sistemático:
1. Poesia: Literatura brasileira 869.91

Direitos reservados à
ATELIÊ EDITORIAL
Estrada da Aldeia de Carapicuíba, 897
06709-300 – Granja Viana – Cotia – SP
Telefax: (11) 4612-9666
www.atelie.com.br / atelie@atelie.com.br

Printed in Brazil 2010
Foi feito depósito legal

*SUMÁRIO*

# MEMÓRIA FUTURA

Fui talhado para a madeira ou para o trato dos metais.

Por isso estes dedos grossos e a palma larga destas mãos quadradas.

Mas não segui o veio redentor, nem propus ao metal a sua cor correta.

Não colhi a pasta bruta, não a modelei, não bati o ferro até a forma útil, nem o manejei no gesto que costura a vida e a morte das sementes.

Há pouco, distraiu-me o avião que se movia sobre as linhas amarelas, no ritmo da música de bordo.

Meu pai antes de mim, meu avô antes de meu pai. E uma lista de nomes sem rosto que se afogam no esquecimento. Todos oficiaram os ritos básicos da vida.

Apenas eu, com o que me deram, contentei-me com palavras.

Agora, sem outro peso nas mãos, envelheço sendo ainda o que está sempre chegando e olhando à volta, sem rumo, para o lugar estranho.

*TRÊS*

1. Na estrada cheia,
   Em breve, cada um acenderá as luzes –
   Centenas de estrelas em fila,
   Retas constelações moventes,
   Cercando a nebulosa da cidade
   Sob um céu de chuva.

2. Sobre a neblina, o sol
   Espalha seu calor inútil.

   Uma lata de leite, virada com o pé,
   Mostra a parte de dentro.

   Ela quase brilha,
   Atingida pela luz difusa.

3. Pela janela,
   As colinas cobertas de casas.

   Na do avô,
   A noite descia como uma tampa,
   Apagando as frutas e os cães que vagavam
   No meio do pomar.

   A luz aqui vem do chão, quando anoitece,
   E lança a sombra dos prédios
   Para dentro do céu cinza.

Os DIAS são longos.
Como flores abertas,
Suportam a desatenção.
O sangue negro da madrugada
Empapa as paredes, desce
Sobre o rosto horizontal.
Barulho de asas.
Ave noturna sobre a presa.
Roçar das patas, aranhas,
Cães distantes, gatos, galos.
O corpo empurra
As mesmas palavras.
Elas vão e voltam,
Até que tudo afunde
No aquoso buraco vigilante das pupilas,
Na hora sombria
Da noite que termina.

Ouvir o chamado da carne.
Apenas para alguns o desenho do corpo
Desdobrou-se em mapa.
Para estes, Beatriz, luz dolorosa,
Transfigurou as formas conhecidas.
Incluiu nelas parte de seu brilho.
Mostrou o que faltava, a zona escura,
E o que sobrava, sem destinação.
Para eles, passasse o vento frio a sopro ardente,
O nódulo a flor, a flor a fruto ou este, apodrecido,
a broto novo –
Nenhuma hora era correta.
O rosto do tempo se tornara transparente.

## *MULHER PLANTANDO*

Colocava a terra dentro dos vasos
E depois as pequenas raízes,
Suspensas na sua nudez,
Água, a pressão dos dedos.

Adivinhava, não via,
Pela posição do corpo.

Por fim, inclinou a cabeça para o lado
E pôs as mãos nas coxas dobradas,
Sobre os calcanhares sentada.

O cheiro da terra fresca
Doía nas narinas.

## *ALBA*

Entre os lençóis, os seios
Na penumbra.
Os seus dois sóis rosados.
Cabelos, úmidos da noite.
O resto é sombra
Misturada noutras sombras.

Num canto, num cabide,
A forma vazia do sutiã.
Aérea e alvacenta,
Anuncia a chegada
Da manhã.

A MÃO dela apoiada sobre o peito dele.
Desce uma luz
Que parece do céu,
Mas é o flash refletido na vidraça.
O melhor de cada um
Dirigido à lente
E à memória futura da fotografia.
Toda a vida, depois,
O gosto amargo de não ter
O que, sem esforço e sem palavras,
Fizeram ser imagem.

## *MANHÃ*

Lentamente, foi se afastando da praia.
Estava amarrado, e depois oscilou livre,
Na maré vazante.
Terá demorado a fugir da vista.

No alto-mar, ao sabor das correntes que o arrastaram,
Deve ter recolhido a chuva e secado ao sol.
A água, penetrando pela borda,
Nos meios-dias deve ter deixado um rastro brilhante
de sal sobre o banco
E nas dobras do fundo.

Depois, numa noite de chuva,
Primeiro uma onda o terá alagado até o meio.
Em seguida, balançando mais lento, terá sido
aos poucos coberto pela água.

Como não afundasse, ficou vagando,
Até se desfazer em partes,
Uma das quais é esta, que agora
Está aqui, quase enterrada na areia.

NA ESTRADA,
O inarticulado.
Triunfos,
Ridículos,
Desejos,
Deserções
Fundem-se no rumor obscuro.
Voz aguda de pneus.
O sol mergulha.
Pássaros evaporam no céu.
Que dirá,
Que trará esta noite?
Obscura,
A voz de deus
Talvez persista,
Ecoando nos vales,
Enquanto, seguindo um traçado confuso,
Corto o ar gelado
E me permito não pensar.

JUNTO AO riacho quase esgoto
Caminho na noite sem estrelas.

Junto ao Yang-Tsé, ao Jordão,
Ao Ganges e ao Letes.

Na minha cidade.

Numa faixa de penumbra,
A noite e a madrugada se misturam
Em torno da esfera azul.

Além, o céu sem fundo e negro,
E sóis regendo miúdos globos invisíveis,
Onde a vida também se agita e se transfere
Em busca de ar, calor, repouso, abrigo.

E em toda parte os budas
Diminuem o brilho da sua luz
Para benefício dos seres vivos
E dos inertes, que serão os vivos.

Infinitos como os rios e os cristais
Que em outros tempos crescem,
Transbordam ou se dissolvem na poeira,
Insuspeitados como as constelações desconhecidas.

Na parede do quarto
Sucedem-se
Acidentes geográficos –
Saliências, cânions,
Leitos secos, rios mortos.
O sol estático e instável
Desce no centro do mundo,
Delimita a área proibida.

Um grilo canta.
Uma traça escala a cortina.
Outros seres se agitam
No pó debaixo da cama,
Atrás da penteadeira,
No fundo das gavetas.

Respirando a brisa quente,
Deitado perto da janela,
Tento sentir
As frágeis sementes da vida.

NENHUM LUGAR,
A face descoberta.

Tempo algum,
O corpo redimido.

Luz coada pela persiana,
Lençol mergulhado nas dobras.

Quando o dia
Se abre, o corpo
Perdura outra vez
No chão.

## *MANHÃ FRIA*

O sol se espalha na neblina.
A casa se descola do sono
Como uma passarela que se desenrola.
A rua descansa.
Roncam ao longe os motores na estrada.
O jornal por ler aguarda o café que demora a brotar da cafeteira.
A memória trabalha escondida
E de súbito emerge.
O café se despeja na xícara, a colher derrama o açúcar.
O Irã impõe condições, o nascimento de trigêmeos.
Não havia resposta no computador.
Enquanto o café esfria, a memória desce pelo corpo
Distribuindo calor e cheiro de cabelos invisíveis.
Virando-se de lado, apenas o vazio da porta.
É quando mais se destacam na lembrança os braços,
O ventre, abandono das pernas, beijo adormecido.
O pão salta da torradeira.
Na China, os massacres continuam.
Um comerciante foi morto por reagir a um assalto.
O dia começa, o café não está mau.
Mais um pensamento involuntário.
E agora a cotação da bolsa.

Pudesse, sem temer o ondular da água,
Descer ao sabor da corrente do rio.
Ousasse contemplar o rosto vazio dos mortos,
Sem lembrar a atração da luz, o respirar da brisa.
Desarmado, no fundo da noite sem sonhos,
Sentisse o ventre mole da esperança.
Ouvisse, no meio do café, a voz da terra,
Brotando da xícara e desenhando a margem.
Estivesse alerta ao instante preciso
Em que a sombra passa sobre o rosto.
Dissesse a palavra, com firmeza,
Nos momentos que derretem e se apagam.
Estendesse o braço solidário.
Preservando o elo da desatenção,
Fizesse apenas o gesto essencial.
E em tudo, enquanto as estrelas
Caminham no fundo do céu
E o sol não surge no horizonte,
Buscasse a reconciliação.
Mas eis que o instante foge,
O vínculo some, a fome retorna.
A memória supre, o coração suporta,
O corpo, sem rumo, se conforma
E distrai.

TODOS OS fogos queimam,
A argila repousa no fundo da água,
A forma do vento
Se adivinha na paisagem.
Mas o que não vejo
Nem entendo é tudo
O que não posso
Nem quero
Deixar de possuir.

## *LEDA*

(por um poema de Yeats)

Enquanto o bico corta a carne da nuca
E o sangue colore o fio da coluna,
Os rins se erguem numa entrega inerte
E as pernas se separam, já dormentes.
Seio contra as penas, mal as membranas lhe tocam
A pele da barriga.
As grandes asas prefiguram num momento
A glória de Troia e as tardes de outono sobre
os campos e os trigais
E de súbito se afastam,
Agitando as folhas do carvalho,
Enquanto ela dorme, lacerada e confundida,
As mãos inúteis jazendo sobre o chão.

## *EPITAGMATA EPITATTEIN*

Estes poucos cabelos,
Este gesto,
Esta úlcera
E as coisas de praxe:
Uma fita, este brilhante –
Palavras,
Discos, móveis,
Carro, óculos
E o que mais quiser,
Desde que de novo
Abaixe
Docemente
O rosto,
A nuca fique em abandono,
A carne em desmaiada espera,
Fingindo,
Embora ou a valer,
A volúpia de ceder,
Vibrando apenas,
Por um instante,
Sob o rápido
E amoroso
Golpe.

O CHEIRO da pele
Pronta a repartir.

Envolto na sombra,
Tateia, persegue, encolhe.

Recebe a oferta,
Na voragem.

Depois virá
O rosto do dia.

Cabelos desenhados no travesseiro,
Corpo flutuando
Para fora do sono.

Voz
De pássaro
Na gaiola.

De quantos desejos mortos,
E choros matinais,
Essa voz?

Nela flutuo, sem esforço.
De onde vem esse chamar?

Junta-se o que andava separado,
Desfibra-se o que esteve mal ligado.

E como a água escorre pelo corpo
Até que a toalha a recolha,

Assim me sinto, natural e alheio,
Ouvindo-a cantar.

O MAIS poderoso elemento,
A mais rica substância:

O ar se move e passa,
A água escapa pelas fendas,
O fogo a si mesmo se devora.

Mas a terra recebe as cinzas do fogo,
As gotas da água
E a poeira que o ar levantou.

O LUGAR é de cinema.
Cores, luzes, formas
Do futuro imaginado.
Súbito no coração dormente
Aos poucos se ergue
A voz sem dono:
Digna carne, sentido sem palavra.
Assim outrora, por um momento,
Sustentava-se ao sol
E logo era sombra inerme,
Memória sem corpo,
Episódio de jogos, estupor de guerra.
É quando se mostra,
Gesto sob gesto,
O tempo imóvel mesclado no outro tempo.
Olho sob assombro:
A fonte outra vez corre para o mar.
A colheita era de joio, eis o trigo inesperado.
Quem o pode recolher?

Linhas de chuva na praça,
Luzes contra o céu sem brilho.
Sombra de explosões.
Mais um, mais outro.
Quantos?
Areia da praia coberta de flores,
Toalha branca, sofá à meia-luz.
Quantos?
Todos os homens dos anos passados
Caminham comigo
Dentro dos meus sapatos
Pesados de água,
Marcando a respiração do ano-novo.
Os pés se arrastam no caminho.
Como se outro passo, invertido,
Acompanhasse o meu, do fundo da terra.
Senti-lo, sabendo que não restará
Nem mesmo esta ilusão.
Apenas as pernas mortas:
As plantas erguidas no ar.

Ponho umas palavras num papel
E elas passeiam, intocadas,
Como peixes com fome num aquário.

Se alguém se debruçasse agora,
Em busca de outra imagem recurvada,
Veria apenas a sombra, como eu vejo,
Na folha de papel.

Nem mesmo sob a superfície paira
(As lembranças, afinal, já não cavalgam as palavras)
Alguma forma de alívio.

Apenas isto:
Estes gestos,
Pequenos pedaços flutuantes,
Farelos que os peixes,
De súbito surgindo do fundo
Da água lodosa,
Vêm devorar.

O CORPO fabrica
A memória que o sustém.

O céu de cabeça para baixo,
Contido na moldura.

Perto da cerca, um menino olha.

Junto ao arame farpado,
Que separa a estrada da margem molhada,
Crescem tufos de taboa.

As colinas são borrões de tinta.
O brilho, grossas pinceladas brancas.

Resta o desejo de sentir
O que era ter estado ali,
Agora apenas uma cena,
Que se oferece a qualquer um.

Como se, afastando pedras e troncos,
Um homem fizesse uma casa
E nela num impulso entrasse com seu corpo,
Pesado de fugas.
O céu respira e a terra se molda
Aos alicerces,
Morna e quieta.

Esgotados os líquidos do corpo,
O vento levanta o pó
No terreno sem mácula de tijolo ou tinta.
De novo o céu recua,
E a terra dura se parte
Como fogem as tábuas (dizem)
Sob os pés de um enforcado.

PELA JANELA do avião,
Vejo a face enrugada da terra.
Nuvens se arrastam contra a malha verde.
Desdobra-se o horizonte em forma curva.

A luz do céu não tem pudores.
O metal das asas brilha sob o ar gelado.
Mal responde o corpo ao peso.

Descendo, no chiado do vento,
Flutua o pensamento.
Os olhos respiram o espaço.

Os carros se mostram nas estradas,
Cortando o risco das lavouras.
A mancha da cidade, o desenho das ruas.

Quintais, jardins, centros esportivos:
Tudo agora se vê, pela janela nítida.

E por fim apenas
Os limites do possível

O CALOR sufoca.
No apartamento ao lado, alguém fala ao telefone.

Permaneço equilibrando este momento,
Enquanto o cachorro ressona no tapete.

Logo ouvirei de novo a televisão da vizinha.

Agora, apenas as cigarras.

Quando cair a noite,
Ninguém virá.

Parece tremer
O ar pesado de cheiro de comida.

## *BOCA DA NOITE*

A tarde é enevoada e indistinta.
(Muito enevoada, muito indistinta.)
Contudo há nela imagens.
(Contudo há nela vultos,
Que se agitam e brilham.
Sob a luz opaca,
Sob a luz difusa.)
Uma após outra vêm, e vão –
E não se sabe de onde,
Não se imagina para onde
Ou para quê:
Um velho
Chupando espinhas de peixe,
Um homem velho, um homem
Muito velho
Coberto de pó escuro
No fundo da minha mente
(Onde as palavras naufragam
E sobre elas se abate
Um sopro de lua gelada).

A lembrança agora
É apenas confusa
Agitação de entranhas.
E assim como o vento
Passa debaixo da porta,
Pelo caixilho da janela,

(Entre os vidros, movendo
A barra da cortina)
Assim o corpo respira,
Aqui e ali suspeita,
Imagina ou entrevê:
O que pode ser falado
Ainda não é o que devia
Ser pensado.

## *BELEZA MACULADA*

(por um poema de Hopkins)

Glória ao Criador pelas coisas machucadas,
Pelas veias partidas nos casais de ocasião,
Pela mancha rosa, toda pontilhada
De pequeninos sulcos, chagas em botão –
Pelo vago rubro vergão na carne clara,
Pela unha que arranha a coxa fugitiva –
Um peixe a debater-se sob anáguas.
Pela pele rompida, logo remendada,
E por toda ferida de amor,
Incendida e acariciada.
Todas as coisas em excesso, vulgares, interditas
(Sangue doce, restos de saliva,
Dobras nítidas do ventre envelhecido),
Quem produziu isso tudo foi Aquele
        Cuja beleza é imutável:
        Que a glória seja d'Ele!

O TEMPO da velhice não amadurece.
O azedo persiste até que a fruta esteja podre.
O espelho é um animal doméstico que me aguarda.
Mas contra as vitrines não há defesa, nunca é hora de perdão.
Assim as fotos: feras de outro tempo, saltam sobre o dorso encurvado,
Rasgam as carnes da barriga, a pele acumulada no pescoço.
Restaria o olhar da mulher que envelhece comigo.
Caso o pudesse sustentar,
Conhecendo a distância do que me imagino
Ao que sou,
E daí ao que podemos, quando a noite cai.

Estou ficando velho.
Quando acordo,
Caminho pela casa, suportando a urgência.
Fora do quarto, o mundo é mais leve.
O sol entra pela janela da cozinha.
Tomo um copo de água,
Escuto os passos no andar de cima
E me viro devagar, olhando
A cafeteira prestes a gorgolejar.
Sinto dor nas costas, a vista não é boa.
O cheiro de café se espalha pelo ar.
Afogam-se os pássaros no rumor da rua.
Logo abrirei a porta, em busca do jornal.

A VELHICE tem suas vantagens:
Nada vem em vão,
Quase nada se recusa.

A urina na praia,
A chuva fria,
Maresia, carniça, lixo:

Libertos os sentidos,
A mente já não mergulha
No cansaço que sucede a exaltação.

A verdade some no meio dos vazios,
Como a água.

TROPEÇANDO, BUSCA um copo de água.
A aurora se espalha sobre o céu escuro.

Obrigações pequenas não se agitam,
Não há despertador prestes a tocar.

Volta agora para o quarto.

Pisa na soleira fria, sente o dia chegar
Nos motores cada vez mais altos.

A luz do sol está quase na janela.
Em breve alguém virá.

O gato resmunga na cozinha.
Depois se deita,
Perto do pires da comida.

O SANGUE insiste
Como um pensamento,
Uma ideia fixa que preenche um dia à toa.
Depois reflui, resolvido.
O sono condensa a vista,
Como a respiração no vidro do carro
Parado sob a chuva.
Os mangues ameaçam invadir a cidade,
Sobem e defluem íntimas marés,
Enxurradas de restos, caranguejos, garrafas.
Ou tudo escorre em paz,
Nos canos do tanque, de plástico liso,
Ou no correto sistema de águas do banheiro.
Assim no dia a dia o amor,
Cobra, inseto, ave de rapina,
Vai desdobrando a vida,
Que corrói.

No limite da vida.
Na beirada.
O mar transborda de peixes.
O céu se curva com o peso das estrelas.
O canário canta.
Dentro, a água borbulha,
O chá cresce na xícara.
Movem-se na noite
Antenas, intestinos.
O pulso sobe.
O eco nos ouvidos.
As ondas turvas
Esbarram na soleira,
Rodeiam a pedra recortada e limpa.
O coração palpita.
Quem diria o esforço
Contra o dia do juízo?
Quem recusaria a prece,
Ainda que certa
A condenação?

Com cinquenta anos, um homem
Começa a se esquecer.
Crê que se recorda, busca
Imagens do passado.
Elas comparecem tímidas,
Depois, como parentes,
Habitam a casa.
Lembranças de lembranças, truques.
Nem mesmo o álbum de fotografias.
A tv espalha seu reflexo.
O sofá muda de cor.
Os documentários:
A guerra, a vida animal.
Blocos soltos de luz,
Os dias separam as noites.
Cinquenta anos: uma assombração
Entre fantasmas.

## *O QUASE-MORTO*

Com um longo esforço, pode ver o quarto.
Deitado, molhado de saliva,
Escuta os passos rangendo no ladrilho.

Talvez a lua seja o halo na janela,
Familiar e branco.
Como artigos de inventário,
Alinha o som dos pratos e talheres.

Todos os dias, várias vezes por dia,
O desejo daquela hora:
Pequena dor, volúpia.

Agora, mais uma vez, desfruta do abandono,
Branco de poeira, imóvel, em pé,
Gigante flutuando numa estepe.

O cômodo mergulha na penumbra.
Os animais são nomes que viajam pelas plantações.

*HH*

Como virá? Inglória:
O fêmur partido,
Dor anônima, rosto de incúria.

Virá,
Lâmina sob lâmina,
Na luz crua.

O cérebro opaco
Nadando no vácuo
Do amanhecer.

Virá sem encanto,
Sem gravidade.
Virá como aos cães, aos insetos
Que habitam as plantas.

Virá assim: sem amor,
Sem mistério ou elegância
De últimas palavras,
Desprovida de glamour e de deus,
Num hospital público.

VOCÊ NÃO importa nada, A.C.
Ofélia do ar, ficaram as imagens
Dos seus óculos escuros
E o mito iniciante.
Valeu pouco, afinal.
Matéria de tolos, ouro
De um momento.
Mas, falando a verdade,
Você, A.C., já era.
Agora é figura
Que se gasta, ano após ano,
E apenas por isso seu nome
Sobrevive: esvaziada, você.
Ícone, duas iniciais.
Nada valem os versos,
Frente ao mergulho.
Os vampiros bebem
O que restou do sangue
Espalhado, generoso sem intenção.
Todos se alimentam. Mas você,
Você desaparece, ponto de encontro
Dos apetites da farsa
E dos suspiros
Dos adolescentes.

## *E.P.*

Palavras brutalmente combinadas,
Em fúria se estendendo ao fim da linha,
Voltando à esquerda, rugindo em diagonal,
Ó infâmia, avareza, confusão imunda dos leitores de jornal!
O ódio com que tudo se chocava contra as paisagens
do Oriente, paredes do tempo,
Margens do passado, ó China,
Andanças, menestréis, pilhagens, nós que passamos pelo Letes.

Você sempre orgulhoso, exibindo, como um chefe de tribo,
Despojos de saque e de matança –
Palavras como marteladas, juízos como execuções.

Tudo isso tinha mesmo de o levar por fim
Aos braços também enormes, calorosos,
De Walt Whitman.

## *ACTEON – ELEIÇÃO DE UM SEPULCRO*

Água partida junto à foz do arroio,
Calcanhares brancos sobre a areia.
Água empoçada, vaga-lumes,
Ruído de passos percorrendo a noite.

Estrelas, luzes sobre luzes,
                    Lua dentro da água.
Pinheiros e ciprestes na colina,
Árvores que fogem pelo ar.

Estarei morto?
As linhas compõem a página.
Estendem-se e proclamam:
Aqui estamos nós!
Por nossa graça exclusiva
Convocamos outras linhas
E todas as palavras!
*Para os sete lagos*, repetem, *estes versos*
*De ninguém!*
Haverá ainda ali resto de corpo?
*Uma luz se move no horizonte norte!*
Do meu corpo?
*Outra luz se move no horizonte sul!*
Pulsando, buscam
A voz do nascimento.
Nenhuma virá.
Apenas se agitam,
Escorrem ao lado.
Com que destinação?
Livros se empilham na poeira.
Jornais exultam sua febre efêmera.
Computadores como cornucópias.
Fica apenas um eco: Estarei de fato morto?
Mas quando, no mundo
(Ou nestes versos),
Terei morrido?

Abaixo a cabeça, ouço de novo
O rumor do sangue.
Olho para a mesa, as veias da madeira.
Há tempos é matéria apenas, sem resto de folhagem,
Hálito noturno, seiva manifesta.
Meus braços também um dia.
O que restar deles, até que a mesa vá ao fogo
E a lembrança
Enfim se apague em cinza.
Ela me disse: sou toda desvelo.
Ouvi que me queria, senti que me sonhava.
Restei, porém, costurado a esta casa,
Atado a uma nesga de céu, um som de rio.
Foram caindo meus cabelos,
As mãos enrugadas deixaram de apreciar o nó difícil,
Apenas harmonias nos ouvidos.
Na infância, inutilmente gritavam os porcos
A caminho do abate.
Muitas vezes esses gritos me fizeram perguntar
Para quem, por quem, com que sentido.
Somos todos filhotes na hora da agonia
E a mãe está morta ou distante
Ou nada pode.
Mesmo a mãe das mães apenas viu,
Ouviu e recebeu o corpo.
E eu, que a ninguém queria afligir com um chamado,
(Como um animal ferido chama,
No meio do campo, pela ajuda
Que não vem)
Compus este poema.

Que posso mais dizer, que posso ainda dizer ou não dizer? Qu'est-ce que tu veux de moi? Em pânico, sigo o fluxo. Os ponteiros se juntam. What do I mean? Boi da cara preta, a guerra no Iraque, noite no carro. Que posso oferecer, que posso ainda oferecer ou mostrar? Je vous présente mes sentiments. Virar as costas, deixar pra trás. Quem pudesse! Apontar o lápis, limpar o jardim, beber um copo. A garota colombiana abre o riso na janela. Na autoestrada, é possível ver melhor a paisagem. O gosto de dirigir. Qué puedo hacer? De uma noite a outra o sonho se repete. Mohamed Ali, Bob Marley, Malcolm X – e depois a chuva. Céu que derrete, terra que estufa. Em pânico, olho de longe. O passado comum. De novo há guerra por todo lado. A noite é longa. Quando chamo, alguém responde. Quando alguém chama, eu também respondo. Quem seremos, não é preciso. Ouço música, vejo os filmes. Can't you hear me? No me puedes ver? Limpo o nariz, jogo o lenço. Se a manhã vier aos poucos, será suportável. Cai a lua. Penso em desistir, em deixar seguir. Peux tu? Quando você dorme, os ruídos da noite dizem outra coisa. Muitas vezes fiquei atento. Com voz de falsete, você diz: infinita tristeza. E continua a dormir. Can't you see? Falam comigo os atores na TV. Lo que quieras. Um tom mais grave, por favor. E esse acorde, dedilhado. Django puxando o caixão, tumbleweed. Quase curado, acabou. Você ainda dorme, o pássaro canta na gaiola coberta. Lembro o nome impronunciável, sinto bater o sangue no pulso. Podiam ser guitarras. Palmas: me chamam outro. O vento dobra os ciprestes onde foi, outrora, uma cidade. Que horas são? Virar as costas, jogar no lixo. De soslaio. Que seja, então, um bolero! Quem fugiria do risível? Você dorme e eu me armo. Sou um homem sincero. Queria que fosse evergreen, orquídea, flor de papel. Tomo coragem, o woman, don't cry! Em sucessão, praias, estudos, os pais, a irmã. Filhos também, amigos. Uma babilônia! Até aqui e sempre até aqui, sem outro destino que não seja aqui. A luz fria de agora ecoa a do sol, lá fora, que faz evaporar o orvalho dos telhados.

Construir com método um lugar.
Equivalências, harmonias.
No espaço fechado, ou por fechar,
Deter a fúria, despistar o medo.

Não há mérito no fácil – dizem.
Tampouco – digo – redenção
Pelo difícil.

Bordadeiras, em fila,
Teimam no rude trabalho.
Talagarças se encharcam
De suor.

Aquilo que ecoa é aquilo que se fixa,
Frio como um peixe.
E o que não ecoa foge
No desvão.

Um monumento ergui
De lata e excrementos.
Junto a estas palavras me sentei.
Nada lhes pedi, nada lhes dei.

| | |
|---|---|
| *Título* | *Memória Futura* |
| *Autor* | Paulo Franchetti |
| *Editor* | Plinio Martins Filho |
| *Projeto Gráfico* | Marcela Souza |
| *Formato* | 13,5 x 21 cm |
| *Tipologia* | Bembo 11/16 |
| *Papel* | Pólen Bold 90g/m$^2$ |
| *Número de Páginas* | 64 |
| *Impressão do Miolo* | Prol Gráfica e Editora |